Christine
Sinnwell-Backes

TIERE BASTELN
MIT DEN KLEINSTEN

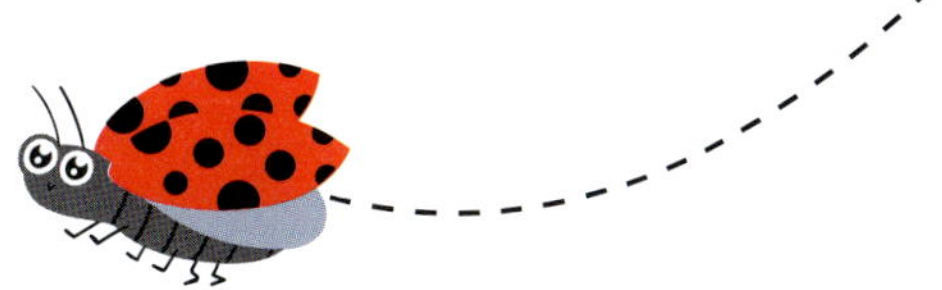

Bassermann

Inhalt

Tierisch was los am Basteltisch!

Tiere sind ein wunderbares Bastel-Thema! Denn die Tierwelt ist so vielfältig, dass sie Inspiration für ebenso abwechslungsreiche Projekte bietet. Zugleich erfüllt es Kinder mit Stolz, wenn sie selbst etwas erschaffen, um am Ende ein fertiges Werk in den Händen halten zu können. Nebenbei können sie beim Basteln auf spielerische Weise viele Fähigkeiten erwerben.

Sie lernen, mit Stift, Schere und Papier umzugehen, und trainieren ihre Feinmotorik. Sie erleben Zusammengehörigkeit und stärken ihre Konzentrationsfähigkeit und Ausdauer. Aber das Wichtigste: Es macht Spaß!

In diesem Buch erwartet Sie eine Fülle an mannigfaltigen und in der Regel leicht umsetzbaren Bastelideen. Ob Finger-Ferkel, Chamäleon oder der kleinste Wal der Welt: Gehen Sie gemeinsam auf Entdeckungsreise und probieren Sie aus, was Ihnen und Ihrem Kind besonders viel Freude bereitet. Für die meisten Projekte brauchen Sie nicht viel an Material, sodass Sie auch ganz spontan zu Stift, Schere, Farben und Kleber greifen können.

Ich hoffe, dass Sie in meinem Buch viele Anregungen zum Basteln und gemeinsamen Spielen für sich und Ihre Kinder finden.

Weil Tiere nicht nur dazu ermuntern, kreativ zu werden, sondern auch zum „Darüber-reden", finden Sie zu jedem Tier einen kleinen Wissenskasten. Vielleicht haben Sie Lust, beim Basteln mit Ihren Kindern ins Gespräch über das jeweilige Tier zu kommen?

Worauf immer Sie und Ihre Kinder gerade Lust haben: Ich wünsche Ihnen unterhaltsame und glückliche Stunden!

Christine Sinnwell-Backes

Tipps und Tricks

Für viele Spielideen brauchen Sie Material, das Sie wahrscheinlich bereits im Haus haben: Klopapierrollen, Wolle oder Pappteller. Aber auch Materialien aus der Natur wie Zweige, Äste oder Blüten kommen zum Einsatz. Außerdem benötigen Sie Farben, Kleber, Pinsel und Scheren. Das reicht in der Regel aus, um mit Kindern die Bastelideen umzusetzen.

Ein paar Tipps und Tricks habe ich vorab noch für Sie zusammengestellt, um Ihnen den Start ins Bastelvergnügen so einfach wie möglich zu machen.

Grundausstattung: Neben einer altersgerechten Kleinkinderschere ist es sinnvoll, sich auch mit kleinen und dicken Pinseln für Kinderhände zu bevorraten. Eine gute **Alternative zur Kinderschere kann die Prickelnadel sein.**

Hin und wieder kommt die Heißklebepistole zum Einsatz. Diese sollte immer komplett von den Kindern entfernt genutzt werden. Es gibt übrigens auch Niedrigtemperatur-Klebepistolen, die weit weniger heiß werden.

Ansonsten reicht ein Klebestift, Bastelkleber oder wenn Sie mögen auch Kleister für die Projekte aus

Zum Schutz: Ein Malkittel oder ein altes Hemd schützen die Kleider vor möglichen Flecken. Genauso nützlich ist es, eine Wachstischdecke, ein Plastikplatzset oder Zeitungen bereitzulegen, um den Tisch jederzeit abdecken zu können.

Farben: Fingerfarben in Tuben lassen sich für fast alle Farbprojekte gut einsetzen. Ein alter Teller oder ein Unterteller für Tassen kann als Farbpalette dienen und nach Gebrauch leicht abgespült werden. Auch Eierkartons können Sie als Farbpalette nutzen.

Bastelmaterialien: Legen Sie sich einen Bastelschrank oder eine kleine Bastelkiste an, in der Sie neben der Grundausstattung leere Toilettenpapierrollen etc. sammeln. Wunderbar ist es auch, wenn Sie Papierreste in einer Kiste sammeln. Oft brauchen Sie für eine Bastelidee nur ein kleines Stück Tonkarton. Da reicht ein kleiner Rest meist schon aus.

Materialien kann man oft auch austauschen. Kein Tonpapier in der passenden Farbe? Einfach weißes Tonpapier anmalen! Vielleicht kann man alternativ auch Moosgummi verwenden? Keine Wackelaugen im Haus? Dann einfach die Augen auf Papier malen und ausschneiden.

Wie wäre es mit einem kleinen Reim, sobald das Kunstwerk fertig ist? Bei uns heißt es am Ende immer: Eins, zwei, drei – fertig ist die Bastelei!

Und das Wichtigste: Zeit! Lassen Sie sich beim Basteln Zeit. Kinder brauchen für die Schritte oft viel länger, als man das vorher einplant. Genießen Sie die gemeinsame Arbeit an den Projekten.

FARBENFROHES CHAMÄLEON

Kein bisschen getarnt: der fröhliche Suncatcher fürs Fenster!

Du benötigst:

- Vorlage Chamäleon, s. Seite 58
- Bleistift
- 1 schwarzen Tonkarton
- Schere oder Prickelnadel
- Durchsichtiges Klebeband oder Bucheinbindefolie
- Buntes Transparentpapier
- Optional: Wackelaugen

So wird es gemacht:

Schritt 1: Lass dir die Vorlage des Chamäleons auf den Tonkarton übertragen und schneide oder prickel die Form aus. Lass dir dabei gerne helfen.

Schritt 2: Nun wird das durchsichtige Klebeband bzw. die Bucheinbindefolie auf einer Seite des Tonkartons über die ganze ausgeschnittene Fläche geklebt.

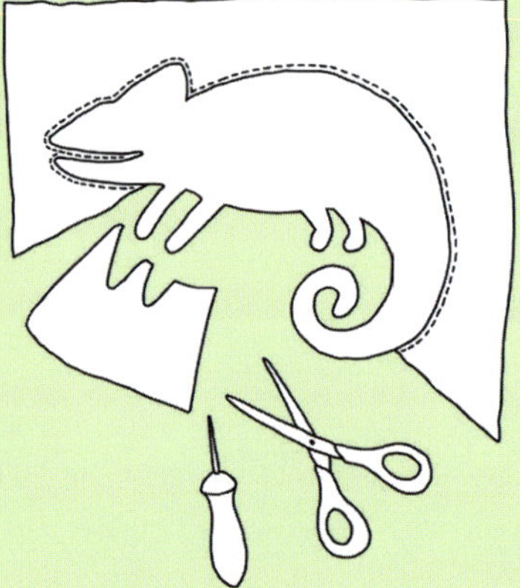

Schritt 3: Reiße oder schneide nun das Transparentpapier in viele kleine Stücke. Verteile diese auf der Klebefläche, bis die ganze Fläche bedeckt ist. Wenn du magst, klebe dem Chamäleon noch ein Wackelauge auf. Fertig ist dein Suncatcher. Suche für ihn einen Platz an einem Fenster, durch das die Sonne öfter scheint.

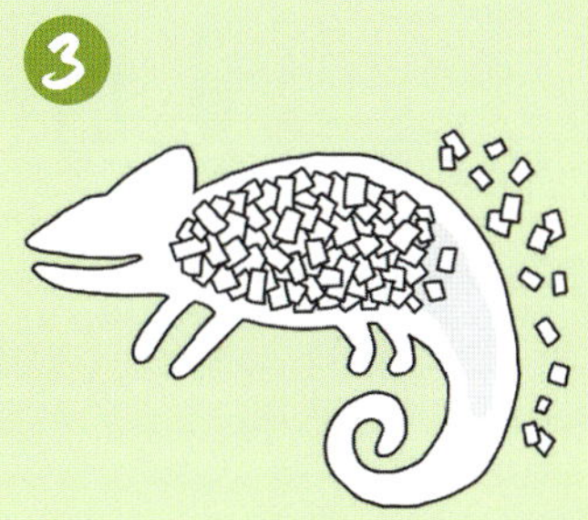

Wow!

Wusstest du, dass Chamäleons sich perfekt tarnen können? Ihre Haut passt sich der Umgebung an. Außerdem sehen Chamäleons wahnsinnig gut. Sie können Dinge selbst in großer Entfernung erkennen. Ihre Augen können sie beim Sehen in unterschiedliche Richtungen bewegen. So haben sie ihre Umgebung immer genau im Blick. Die meisten von ihnen leben in Afrika.

EULENKINDER

Schuhu, Schuhu – wohin fliegt ihr im Nu?

Du benötigst:

* Braunen Karton
* Holzstifte, Filzstifte, Acrylstifte oder Fingerfarben
* Schere
* Kleber
* Zwei dünne Zweige
* Selbsttrocknende Modelliermasse

So wird es gemacht:

Schritt 1: Schneide aus dem Karton einen Eulenkörper und zwei Flügel aus.

Schritt 2: Male der Eule nun zuerst ein Gesicht mit zwei runden Augen und einem kleinen Schnabel. Verziere den Körper und die Flügel mit einem schönen Muster. Klebe nun die Flügel auf den Körper auf.

Schritt 3: Stecke in den Karton die kleinen Zweige. Je nach Kartonart kann es sein, dass dir ein Erwachsener die Beine mit Heißkleber aufkleben muss.

Schritt 4: Forme aus der selbsttrocknenden Modelliermasse einen kleinen Stein und stecke die Eulenbeine dort hinein. Fertig! Magst du deiner kleinen Eule noch ein paar Geschwister basteln, damit sie nicht allein ist?

Wow!

Über 200 Eulenarten gibt es. Sie leben überall auf der Welt außer in der Antarktis. In der Abenddämmerung gehen Eulen auf die Jagd nach kleinen Beutetieren wie Mäusen, Schlangen oder kleinen Vögeln. Sie haben sehr scharfe Augen und ein gutes Gehör. Ihren Kopf können sie sehr weit drehen und haben ihr Umfeld damit gut im Blick.

FINGER-FERKEL

Dieses rosa Pompom-Schweinchen hat bestimmt viel zu erzählen.

Du benötigst:

* 1 rosa Pfeifenreiniger
* Rosa Tonkarton oder Bastelfilz
* Schere
* Heißkleber oder Textilkleber
* 1 rosa Pompon, groß
* 1 rosa Pompon, klein
* 2 kleine Wackelaugen
* Schwarzen Filzstift

So wird es gemacht:

Schritt 1: Biege den Pfeifenreiniger um deinen Finger, sodass er eine Spirale bildet. Es kann sein, dass du nicht den ganzen Pfeifenreiniger brauchst. Schneide ab, was du nicht benötigst.

Schritt 2: Schneide aus dem Tonkarton oder Bastelfilz zwei kleine Dreiecke für die Ohren.

Schritt 3: Lass nun einen Erwachsenen zuerst die Spirale an dem Pompon ankleben. Ist der Kleber getrocknet, folgen die beiden Ohren und die Wackelaugen.

Schritt 4: Der kleine Pompon wird als Nase aufgeklebt. Male nun mit dem schwarzen Stift zwei Nasenlöcher auf den kleinen Pompon. Fertig ist dein Finger-Ferkel.

1

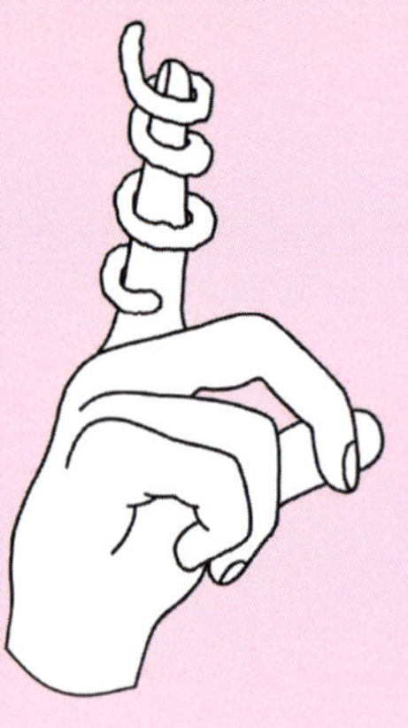

2

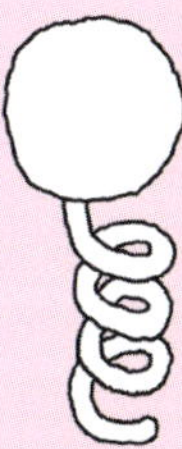

Variante: Nase und Ohren können auch aus Bastelfilz oder Tonkarton sein. Wenn dein Ferkel einen Körper haben soll, klebe den Kopf auf einen zweiten Pompom, an dem vorher die Spirale angeklebt wurde.

Wow!

Ferkel nennt man die Kinder der Schweine. Ihre Mutter nennt man Sau, den Vater Eber. Auf dem Bauernhof kannst du die Ferkel der Hausschweine bestaunen. Schon in der Steinzeit haben Menschen Schweine gezüchtet.

Auch in der Natur kommen Schweine vor, die Wildschweine. Sie leben im Wald und fressen dort die Früchte von Eichen oder Buchen. Auch Pilze mögen sie.

FUNKELNDE FISCHE

Wie wunderschön diese Fische aus Salzteig glitzern und funkeln!

Du benötigst:

Für den Salzteig:

* 1 Tasse Wasser
* Blaue Lebensmittelfarbe, z.B. Wilton Pastenfarben
* 2 Tassen Mehl
* 1 Tasse Salz

Fischausstecher (alternativ: eine Fischvorlage aus Karton basteln und vorsichtig mit einem Messer oder Zahnstocher umranden)

Für die Deko:

* Kleine Perlen
* Bunte Pailletten

So wird es gemacht:

Schritt 1: Färbe das Wasser mit blauer Lebensmittelfarbe ein.

Schritt 2: Vermische die Zutaten für den Salzteig. Ist der Teig zu feucht, füge etwas Mehl oder Salz hinzu. Ist er zu trocken, gib etwas Wasser hinzu.

Schritt 3: Rolle den Teig aus und steche mit dem Fischausstecher Fische aus.

Schritt 4: Nimm dir für das Auge eine kleine Perle und drücke sie vorsichtig in den Teig. Dann nimmst du Pailletten und steckst sie dem Fisch als Schuppen vorsichtig in den Körper. Lass die Fische an der Luft trocknen. Drehe sie zwischendurch um, damit auch die Unterseiten trocknen können.

1

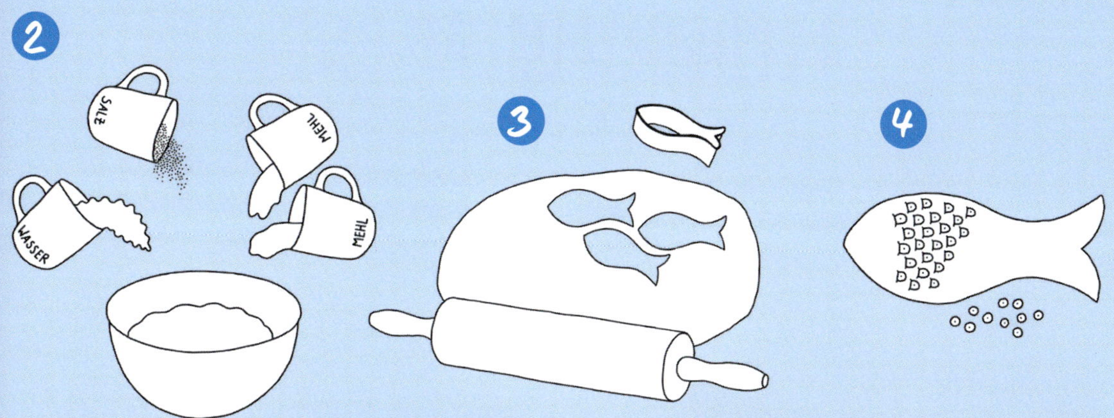

Wow!

Regenbogenfische gibt es nicht nur im Märchen. Die meisten Arten sind Süßwasserfische. Sie heißen so, weil sie im Licht wirklich wunderschön bunt wie ein Regenbogen schimmern. Manche Arten leben nur in einem ganz bestimmten Fluss oder See. Vor allem in Australien kommen wunderschöne Regenbogenfische vor.

FLEDERMAUSLATERNE

Hui, nachts sind die Fledermäuse munter und diese spezielle begleitet dich sehr gern im Dunkeln.

Du benötigst:

* 1 leeren Tetrapak
* Schere
* Schwarze Fingerfarbe
* Borstenpinsel
* Schwarzen und weißen Tonkarton
* Gelbes Transparentpapier
* Kleber
* Schwarzen Filzstift
* Locher
* Draht oder Schnur
* 1 LED Teelicht
* 1 kleiner Ast

So wird es gemacht:

Schritt 1: Wasche den Tetrapak gut aus und schneide den oberen Teil der Verpackung ab. Ziehe nun die äußere Beschichtung von der Verpackung.

Schritt 2: Male den Karton vollkommen schwarz an und lasse die Farbe vollständig trocknen.

Schritt 3: Nun schneidest du einen Bauch aus dem schwarzen Karton. Klebe von innen Transparentpapier über die Bauchöffnung.

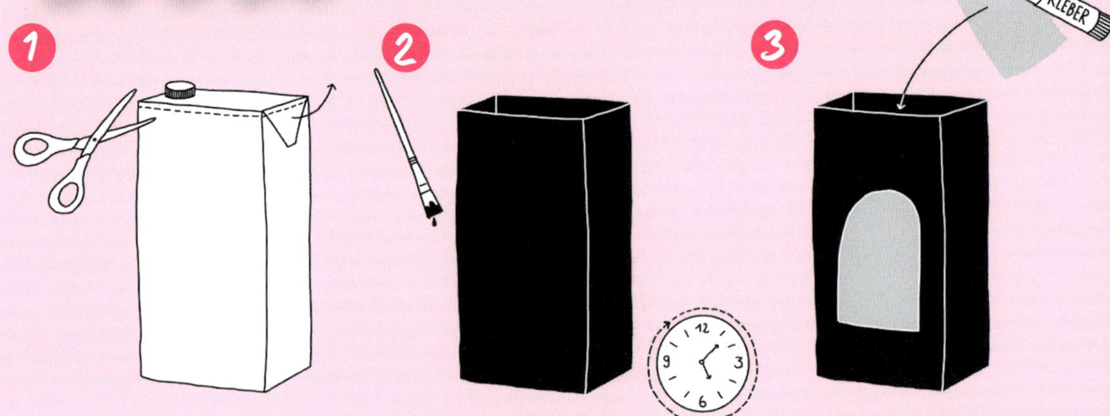

Schritt 4: Schneide nun zwei Kreise aus dem weißen Karton und male in jeden Kreis eine Pupille mit dem Filzstift. Schneide aus dem Tonkarton zwei Flügel aus und klebe diese und die Augen an den Tetrapak.

4

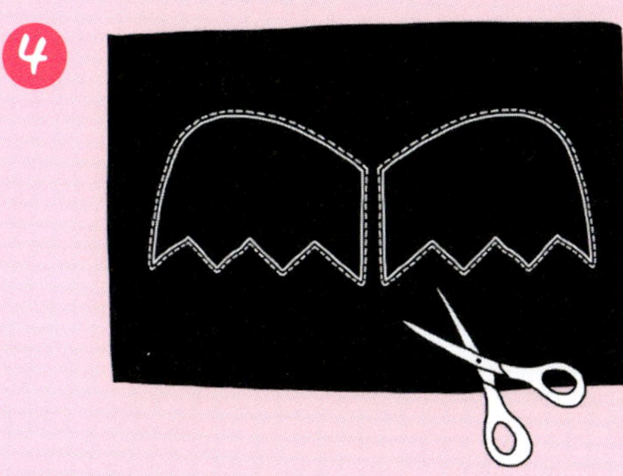

Schritt 5: Nun kannst du links und rechts vom Karton mit dem Locher jeweils ein Loch machen und Draht oder Schnur daran befestigen.

5

Schritt 6: Gib ein LED-Licht in den Fledermauskörper und lege die Schnur bzw. den Draht über den Ast. Fertig ist deine Laterne.

Optional: Für weitere Details schneide aus Tonkarton zwei schwarze Ohren und zwei weiße spitze Zähne aus. Klebe beides an die Laterne.

Wow!

Fledermäuse sind nachts aktiv. Tagsüber schlafen sie, indem sie kopfüber in Höhlen, Bäumen oder an anderen dunklen Orten hängen. Das können auch Dachböden sein. Sie sind gefährdet, denn ihre wichtigste Nahrung, die Insekten, werden immer weniger. Auch fehlen ihnen oft geeignete Räume zum Leben. Eine Fledermausmutter kann pro Jahr immer nur ein Fledermausbaby großziehen. Fledermäuse sind deshalb streng geschützt.

FRECHES FÜCHSLEIN

Diesen schlauen Fuchs fängst du am besten im Dosendeckel ein.

Du benötigst:

* Deckel eines Marmeladenglases
* Orange und weiße Acrylfarbe
* Pinsel
* Schwarzen Acrylstift oder Edding
* 1 orangen Tonkarton
* 1 weißen Tonkarton
* Klebestift oder doppelseitiges Klebeband
* Optional: Heißkleber

So wird es gemacht:

Schritt 1: Schraube den Deckel vom Glas und male auf den Dosendeckel mit der orangen Farbe ein Dreieck, das zwei Seiten seiner Fläche frei lässt. Male diese weiß an. Lass die Farbe gut trocknen.

Schritt 2: Male nun eine schwarze Nase und schwarze Augen auf. Wenn du magst, kannst du dem Fuchs auch einen Mund malen.

Schritt 3: Schneide nun aus dem orangen Tonkarton zwei Dreiecke für die Ohren und aus dem weißen Karton zwei etwas kleinere Dreiecke. Klebe mit dem Klebestift die weißen auf die orangen Dreiecke.

Schritte 4: Falte nun den unteren Teil der Ohren leicht um, sodass du eine Klebefläche hast und streiche diese mit Kleber ein und befestige sie am Deckel.

Wow!

Bist du schlau wie ein Fuchs? Füchse können sich sehr gut an ihre Umgebung anpassen, Probleme lösen und andere Tiere überlisten. Sie sind mit den Wölfen und Hunden verwandt. Der Rotfuchs ist auf der Welt am weitesten verbreitet. Er lebt überall dort, wo es nicht zu warm und nicht zu heiß ist. Es gibt aber auch Wüstenfüchse und Polarfüchse, die an ihre Lebenswelten angepasst sind.

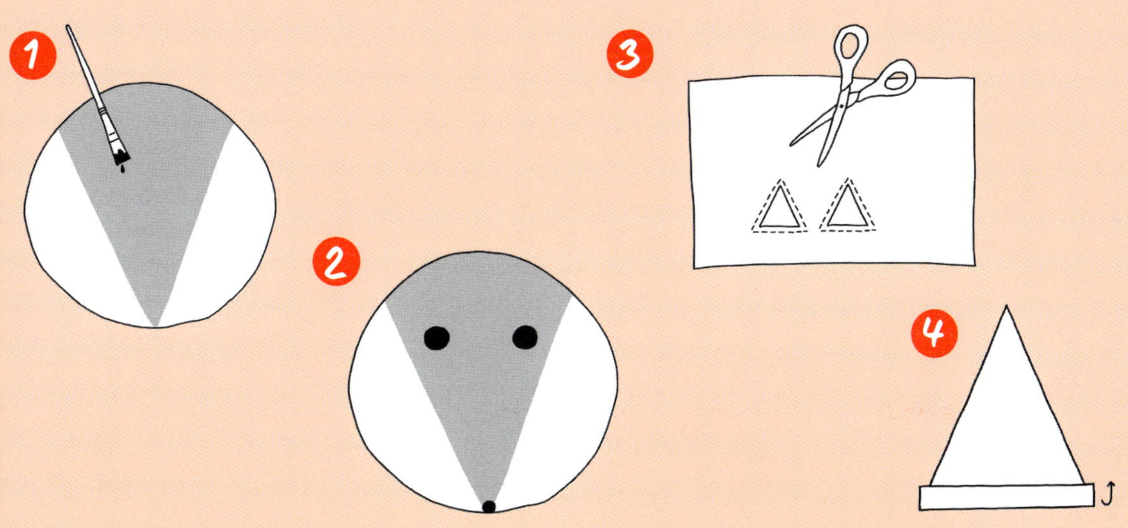
1
2
3
4

LANGOHR-HASE

Osterhasen sind immer für Überraschungen gut. Womit füllst du deinen Tetrapak-Hasen?

Du benötigst:

- 1 leeren Tetrapak-Karton
- Schere
- Weiße Fingerfarbe
- Borstenpinsel
- Schwarzen Filzstift
- Rosa Tonkarton
- Klebestift

So wird es gemacht:

Schritt 1: Trenne vom Tetrapak den oberen Teil ab und spüle den Karton einmal gründlich aus. Nun entfernst du die äußere Beschichtung.

Schritt 2: Schneide den Karton so, dass zwei lange Hasenohren am oberen Teil des Kartons stehen bleiben. Hierbei hilft dir am besten ein Erwachsener.

Schritt 3: Male nun den Karton komplett weiß an. Ist die Farbe gut getrocknet, zeichnest du Augen, Mund und Barthaare auf.

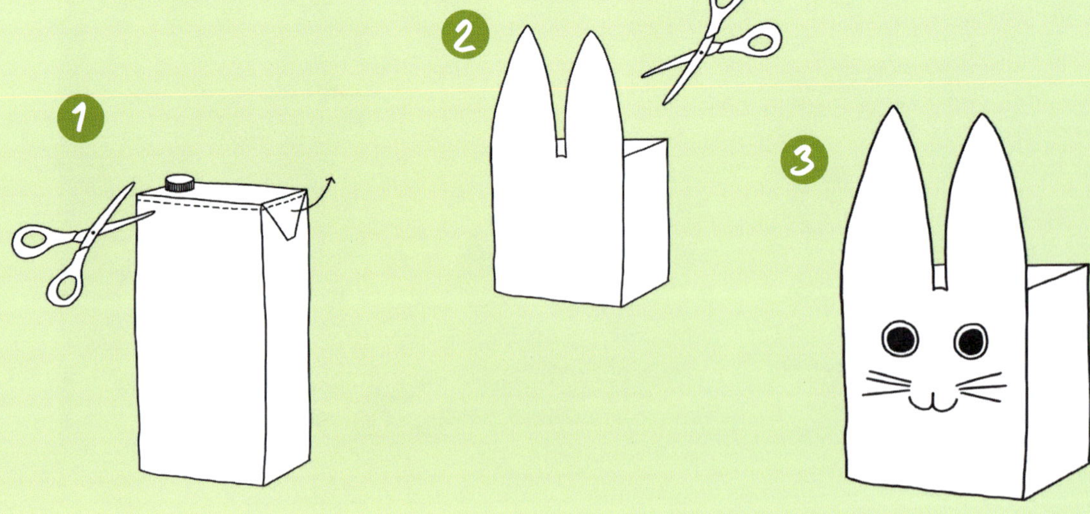

Schritt 4: Zuletzt schneidest du aus rosa Tonkarton eine kleine herzförmige Nase aus und klebst sie dem Hasen ins Gesicht.

Wow!

Hasen haben lange Ohren und können unglaublich schnell laufen. Das müssen sie auch. Denn sie haben viele Feinde, von denen sie gejagt werden. Deshalb sind Hasen auch gut im Verstecken. Sie graben sich auf Feldern und Wiesen flache Löcher, in die sie sich bei Gefahr kauern, und hoffen, von ihren Feinden nicht bemerkt zu werden.

IGEL IN DER KISTE

Ein stacheliges Geschicklichkeitsspiel: Kriegst du die Stacheln in die Löcher?

Du benötigst:

- 1 flache Kiste mit Deckel
- Braune Fingerfarben
- Schwarzen Filzstift
- Prickelnadel
- Schere
- Wattestäbchen
- Wasserfarben
- Optional: 1 roten Pompom und 1 Wackelauge

So wird es gemacht:

Schritt 1: Male auf den Kistendeckel einen großen, braunen Igel und lass die Farbe komplett trocknen. Male mit einem schwarzen Filzstift die Umrandung und das Gesicht des Igels auf. Du kannst auch ein Wackelauge aufkleben, wenn du magst.

Schritt 2: Steche mit der Prickelnadel viele Löcher in den Igelrücken und halbiere mit der Schere die Wattestäbchen. Für jedes Loch brauchst du ein Wattestäbchen.

Schritt 3: Färbe die Wattestäbchen mit brauner Wasserfarbe ein. Nun kannst du sie in die Löcher für die Stacheln stecken.

Wow!

Igel werden abends aktiv. Dann kommen die kleinen Säugetiere raus und suchen nach etwas zum Fressen. Sie mögen Käfer, Regenwürmer, Nacktschnecken und andere kleine Tiere. Für den Winter fressen sie sich eine Speckschicht an. Denn Igel halten in der kalten Jahreszeit Winterschlaf. Wenn ein Feind kommt, rollen sie sich zu einer Kugel zusammen und werden durch ihre Stacheln geschützt.

KATZENHANDTASCHE

Miauuu – die neue Mode für Kitti und ihre Freunde!

Du benötigst:

- 2 weiße Pappteller
- Schere
- Bleistift
- 1 schwarzen Filzstift
- Rosa, grüner, schwarzer Tonkarton oder Moosgummi
- Flüssigkleber oder Heiß-klebepistole
- Locher
- Wolle oder Schnur

Schritt 1: Schneide einen Pappteller in der Mitte durch. Male auf den zweiten Pappteller in der Mitte eine Linie mit zwei Katzenohren. Schneide diesen Teller so aus, dass die beiden Ohren stehen bleiben.

Schritt 2: Schneide aus Tonkarton (oder Moosgummi): zwei Augen und die Pupillen, eine kleine Zunge, die Nase und zwei Dreiecke für die Ohren. Klebe alles an die entsprechenden Stellen auf dem Teller und male noch die Schnurrhaare und das Maul auf.

Schritt 3: Klebe die beiden Teller zusammen. Solltest du Heißkleber verwenden, übernimmt diesen Schritt ein Erwachsener.

Schritt 4: Nun machst du links und rechts mit dem Locher ein Loch in die Pappteller.

Fädle Schnur oder Wolle durch das erste Loch und lass es dir verknoten. Achte darauf, wie lang der Taschenträger für dich sein soll, und schneide die Schnur auf die richtige Länge. Dann lass dir die Schnur auch auf der zweiten Seite festknoten.

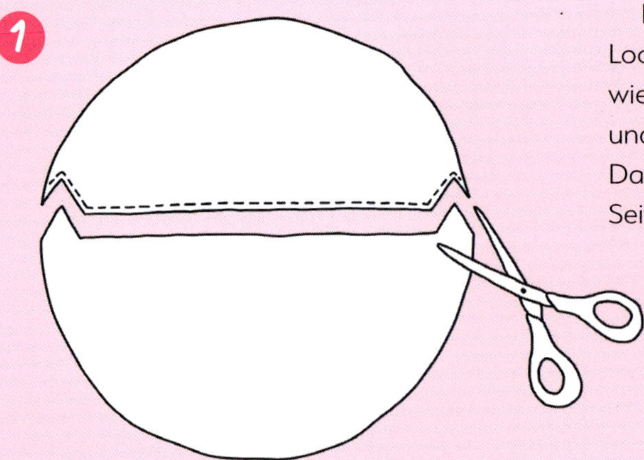

Wow!

Unsere Hauskatzen stammen von den afrikanischen Wildkatzen ab. Schon vor 10.000 Jahren haben die Menschen begonnen, sich Katzen als Haustiere zu halten. Katzen haben ein unglaublich feines Gehör. Außerdem können sie sehr gut sehen, vor allem auch nachts. Da sehen sie sechsmal besser als wir Menschen.

KLAPPERKROKODIL

Wie musikalisch ist dein Krokodil? Probiere es aus!

Du benötigst:

* 1 Stück Karton
* Schere
* Rote und grüne Fingerfarbe
* Borstenpinsel
* Zwei Wackelaugen
* Flüssigen Bastelkleber oder Heißklebepistole
* 2 Kronkorken

So wird es gemacht:

Schritt 1: Schneide aus dem Karton einen länglichen ca. 5 cm breiten Streifen ab. Knicke ihn einmal in der Mitte und schneide die schmalen Kanten jeweils in eine rundliche Form.

Schritt 2: Nun malst du eine Seite des Streifens komplett grün an. Ist die Seite vollständig getrocknet, malst du die andere Seite rot an. Lass auch diese Seite gründlich trocknen. Nun klebst du auf die grüne Seite die Wackelaugen.

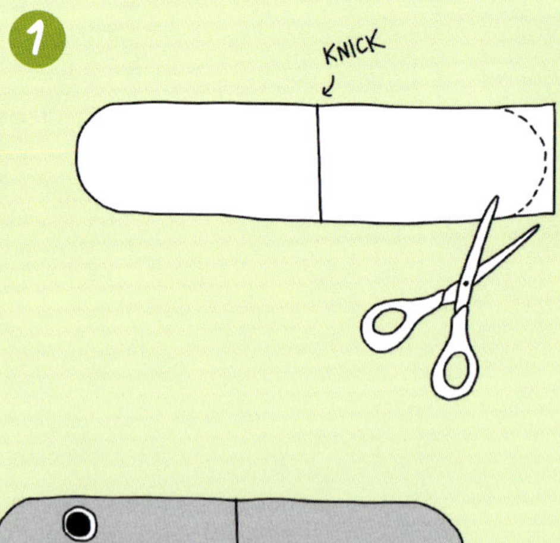

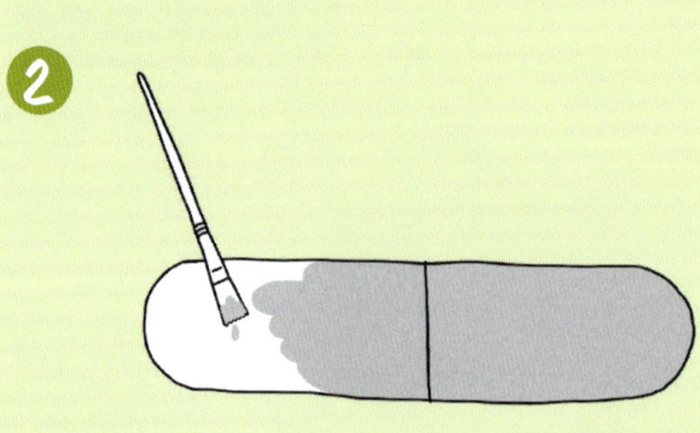

Schritt 3: Innen klebst du die beiden Kronkorken so fest, dass sie genau aufeinanderklacken, wenn du den Ober- und Unterkiefer des Krokodils zusammenklappen lässt.

Tipp: Du kannst dem Krokodil auch noch Schuppen malen mit einem Filzstift. Dann gleicht es noch mehr einem Reptil.

3

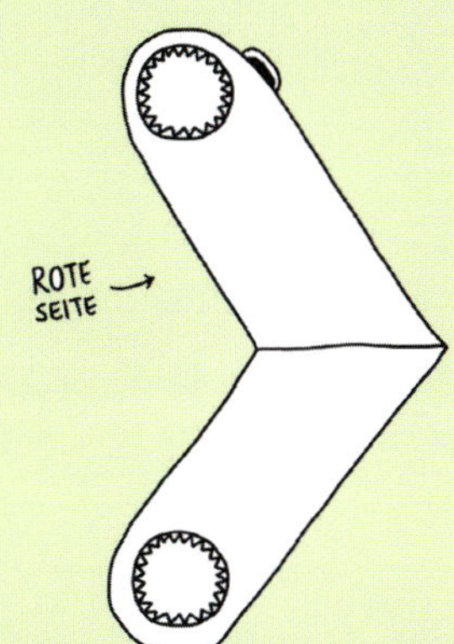

Wow!

Krokodile gab es auf der Erde schon zu Zeiten der Dinosaurier. Die Reptilien können über 80 Jahre alt werden und leben sowohl im Wasser als auch an Land. Im Wasser lauern sie oft lange Zeit regungslos, sodass ihre Beute sie gar nicht bemerkt. Ist sie nah genug, schnappt das Krokodil zu. Übrigens wachsen seine Zähne im Laufe des Lebens immer wieder nach. Ist das nicht praktisch?

WOLLIGE LAMAS

Wickel das Lama in ein warmes Fell!

So wird es gemacht:

Schritt 1: Lass dir die Lama-Vorlage auf ein Stück Karton malen und schneide den Karton aus. Ist der Karton sehr dick, kann es sein, dass du dabei Hilfe brauchst.

Lass dir nun die Wolle am Lamakörper festknoten.

Schritt 2: Nun kommt dein Einsatz: Wickle die Wolle ganz oft um den Bauch des Lamas. Du kannst dabei auch die Farbe wechseln. Schneide dazu die Wolle ab und lass dir die zweite Sorte an die erste Wollschnur knoten. Wickle mit dieser weiter. Bist du fertig, schneidest du die Schnur ab und lässt sie dir festknoten.

Schritt 3: Male dem Lama mit dem schwarzen Filzstift noch ein Gesicht. Zusätzlich kannst du ihm noch mit schwarzem oder weißem Filzstift ein Muster aufmalen.

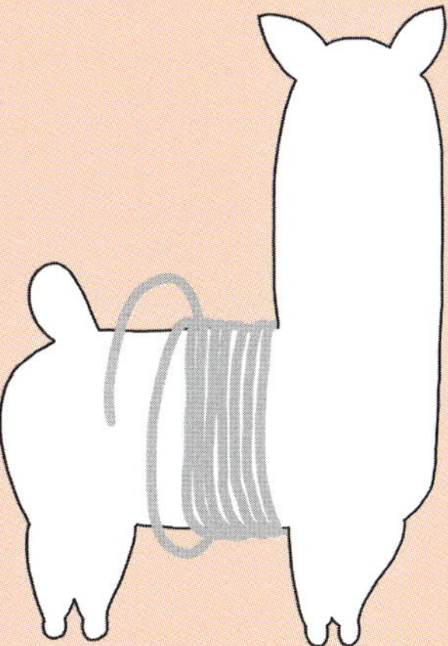

Wow!

Lamas gehören zur Familie der Kamele und leben in den Anden. Das ist eine südamerikanische Gebirgskette. Wenn sich Lamas bedroht fühlen, spucken sie. Andere Lamas werden gerne einmal bespuckt, um zu zeigen, wer der Chef ist. Die Tiere haben ein dickes, dichtes Fell, das sie in der kühlen Luft in den Anden wärmt.

LIBELLENFLUG

Diese hübschen Libellen fliegen nicht nur über Seen und Tümpel, sondern auch durch Kinderzimmer!

So wird es gemacht:

Schritt 1: Schneide dir vom Pfeifenreiniger ein ca. 10 cm großes Stück ab.

Schritt 2: Fädele auf ca. 2/3 des Pfeifenreiniger-Körpers Perlen auf. Biege dann das hintere Ende des Pfeifenreinigers um die letzte Perle, damit die Perlen nicht so leicht herunterrutschen.

Schritt 3: Nun legst du vorsichtig zwei Ahornsamen auf das freie Pfeifenreinigerstück.

Schritt 4: Biege den Pfeifenreiniger so um die Ahornsamen, dass sie wie zwei Flügel abstehen und dabei zwei Fühler nach vorne zeigen.

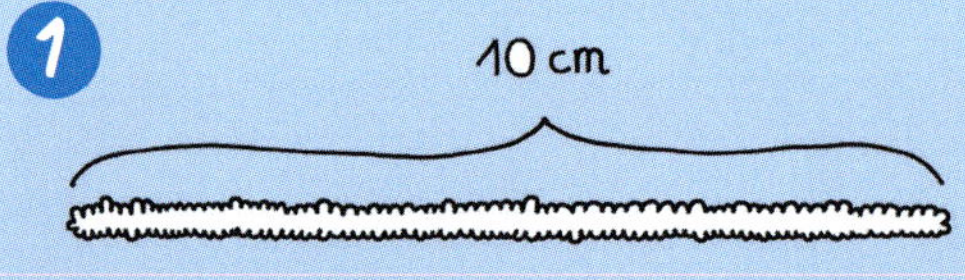

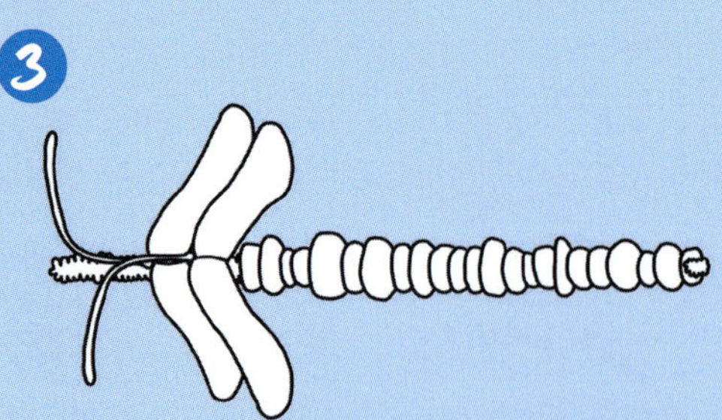

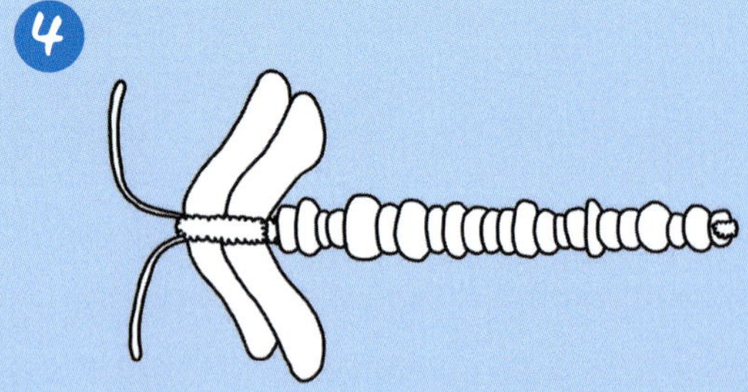

Wow!

Libellen sind wahre Flugkünstler. Sie können ihre vier Flügel unabhängig voneinander bewegen und geschickte Flugmanöver fliegen. Allein in Deutschland gibt es 81 verschiedene Arten. Libellen leben in der Nähe von Gewässern.

Viele sind leider vom Aussterben bedroht, weil ihre Lebensräume schrumpfen.

GUT GEBRÜLLT, LÖWE!

Einfache Papptellermaske, majestätische Wirkung!

Du benötigst:

* 1 weißen Pappteller
* Gelbe und braune Fingerfarbe
* Borstenpinsel
* Roten Tonkarton
* Schere
* Klebestift
* Schwarzen Filzstift
* Prickelnadel
* Locher
* Gummiband

So wird es gemacht:

Schritt 1: Male den mittleren Teil des Tellers gelb und den Rand braun an und lass die Farben gut trocknen.

Schritt 2: Schneide aus dem roten Tonkarton die Löwennase aus und klebe sie mittig auf den Teller.

Schritt 3: Male mit dem schwarzen Filzstift das Maul und die Schnurrhaare des Löwen. Schneide oder prickle die Augen an der Stelle aus, wo später deine Augen sind. Einfacher geht es, wenn du dir den Teller einmal vors Gesicht hältst und einen Erwachsenen die Stelle markieren lässt, wo die Augen hinkommen.

1

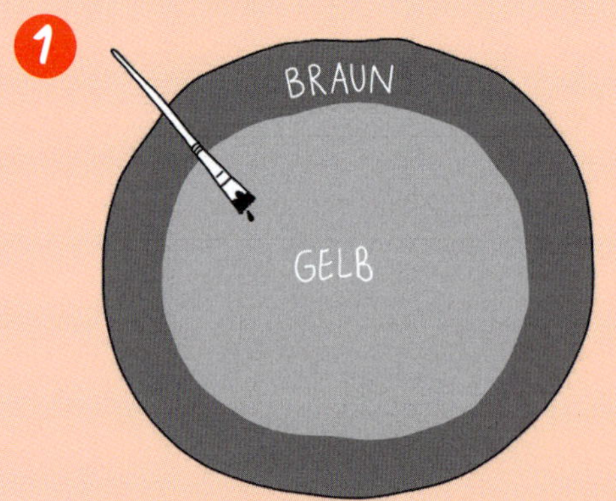

2

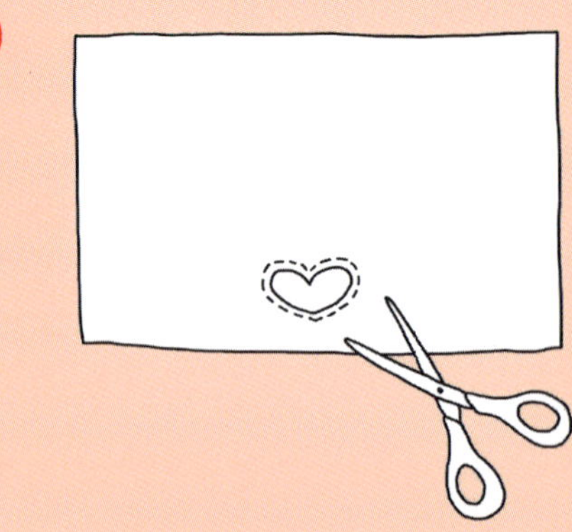

Schritt 4: Mache mit dem Locher links und rechts von dem gelben Teil des Löwengesichts ein Loch und fädle das Gummiband durch. Lass es dir beim Zuknoten auf deine Kopfgröße einstellen.

Schritt 5: Schneide nun mit der Schere ganz oft den braunen Tellerrand ein, sodass eine wilde Löwenmähne entsteht.

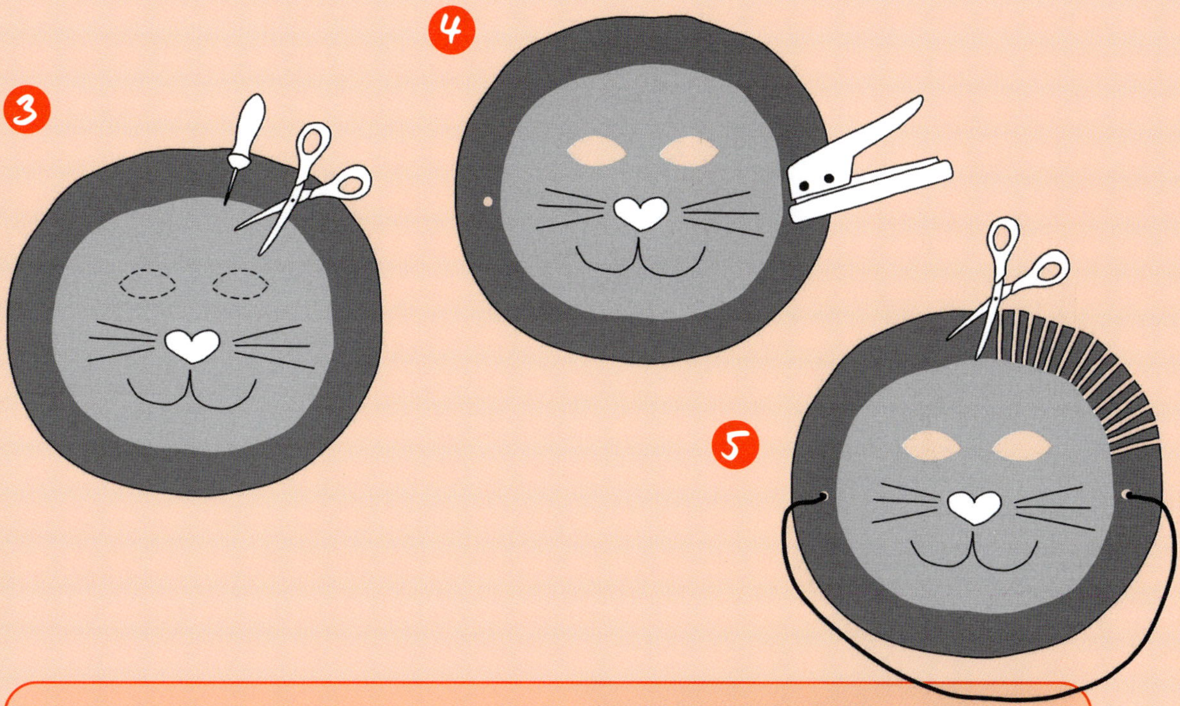

3

4

5

Wow!

Der Löwe wird auch „König der Tiere" genannt und kommt in Afrika und Asien vor. Als einzige Katzenart leben Löwen in einem Rudel. Dieses kann bis zu dreißig Tiere umfassen. Im Rudel überlassen die Männchen mit ihrer prächtigen Mähne den Weibchen die Jagd. Löwen haben riesige Reviere und markieren die Grenzen mit ihrem Kot.

MÄUSEBANDE

Eine Maus im Kartoffeldruck kommt selten allein!

Du benötigst:

* 1 große und 1 kleine runde Kartoffel
* 1 Messer
* Graue Fingerfarbe
* Pappteller
* Weißes Papier
* Rosa Tonkarton
* Schere oder Prickelnadel
* Klebestift
* Wackelaugen
* Schwarzen Filz- oder Holzstift

So wird es gemacht:

Schritt 1: Schneide die Kartoffeln jeweils in der Mitte einmal durch. Du brauchst jeweils eine Hälfte. Gib dann graue Farbe auf den Pappteller.

Schritt 2: Tauche die größere Kartoffel in die Farbe und drücke sie auf das weiße Papier. Drücke nun die kleine Kartoffelhälfte in die Farbe und stempele zwei Ohren an den grauen, großen Körper. Stempele auf diese Art mehrere Mäuse auf das Papier. Lass die Farbe gut trocknen.

Schritt 3: In der Zwischenzeit schneidest du schon mal für jede Maus aus dem rosa Tonkarton eine kleine runde Nase aus. Ist die Farbe vollständig getrocknet, kannst du die Nasen und die Wackelaugen mit Klebestift auf die Mäusekörper kleben.

Schritt 4: Male nun mit einem schwarzen Stift einen Mauseschwanz und den Mund. Wenn du magst, kannst du deiner Maus auch noch kleine Barthaare malen.

Wow!

Fast vierzig verschiedene Mäusearten gibt es. Mäuse gehören zu den Nagetieren. Ihre Zähne sind fast so hart wie Diamanten. Sie sind meist 7 bis 12 cm groß und können sich schnell bewegen. In der Natur leben sie in kleinen Fels- und Mauerspalten oder bauen sich tiefe Höhlen mit mehreren Aus- und Eingängen. Mäuse sind richtige Entdecker. Die neugierigen Nager suchen ständig nach neuen Wegen und Futtermöglichkeiten.

PINGUIN-FREUND

Dein Pinguin aus Karton fühlt sich auch ohne Eis bei dir wohl.

Du benötigst:

* Bleistift
* Verschiedene Kartonstücke
* Pinsel
* Schwarze, weiße und gelbe Fingerfarbe
* Schere
* Kleber

So wird es gemacht:

Schritt 1: Zeichne auf ein großes Kartonstück einen Pinguinkörper auf. Male diesen schwarz und weiß an.

Schritt 2: Schneide zwei Kreise als Augen aus und zwei kleinere Kreise als Pupillen. Male die Augen weiß und die Pupillen schwarz an.

Schritt 3: Schneide nun die Flügel, einen Schnabel und die Füße aus. Die Flügel malst du schwarz, die Füße und den Schnabel gelb an.

Schritt 4: Lass alle Stücke gut trocknen und klebe sie dann mit Kleber zusammen.

Wow!

Pinguine haben zwar Flügel, aber fliegen können sie nicht. Die Flügel brauchen sie zum Schwimmen, denn unter den Vögeln sind sie die besten Schwimmer. Viele von ihnen leben in großen Kolonien zusammen in der Antarktis. Mit ihrem dichten Federkleid wärmen sie sich gegenseitig. Manche Pinguin-Paare bleiben ein Leben lang zusammen. Die Eier balancieren sie auf den Füßen und halten sie in einer Hautfalte warm. Denn auf dem Eis würden die Eier sofort erfrieren.

QUALLEN-TANZ

Schau mal, wie schön deine bunten Quallen aus Muffin-Förmchen tanzen können!

Du benötigst:

* Weiße Muffinförmchen
* Wasserfarben
* Pinsel
* Wackelaugen
* Kleber
* Schere
* Buntes Krepppapier
* Dünne Schnur
* Tesafilm

So wird es gemacht:

Schritt 1: Bemale das weiße Muffinförmchen mit den Wasserfarben und lass es trocknen. Dann klebst du zwei Wackelaugen auf.

Schritt 2: Schneide mehrere ca. 1 bis 2 cm breite Streifen Krepppapier ab. Die Streifen sollten ca. 30 cm lang sein.

Schritt 3: Klebe diese Streifen von unten in das Muffinförmchen.

1

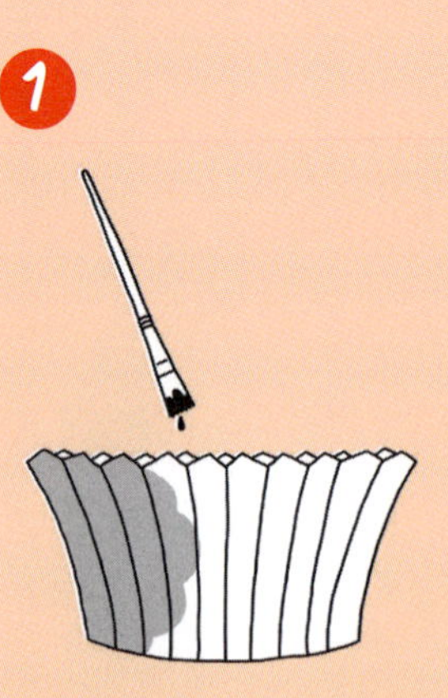

2

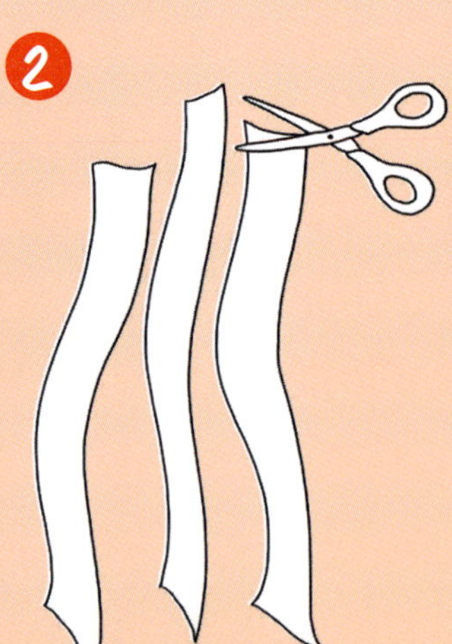

3

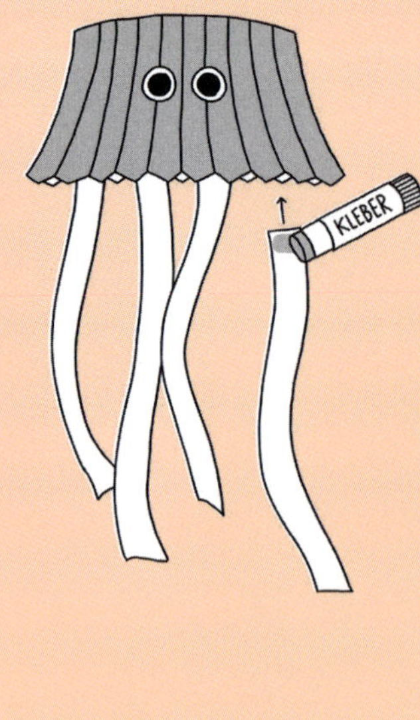

Schritt 4: Nun befestigst du mit einem dünnen Stück Tesafilm am Oberteil der Qualle die Schnur zum Aufhängen.

Tipp: Besonders schön sehen die Quallen im Schwarm aus. Man kann sie toll an einem Ast aufhängen oder an einer Gardinenstange. Vielleicht umwickelst du diese sogar mit etwas blauem Krepppapier?

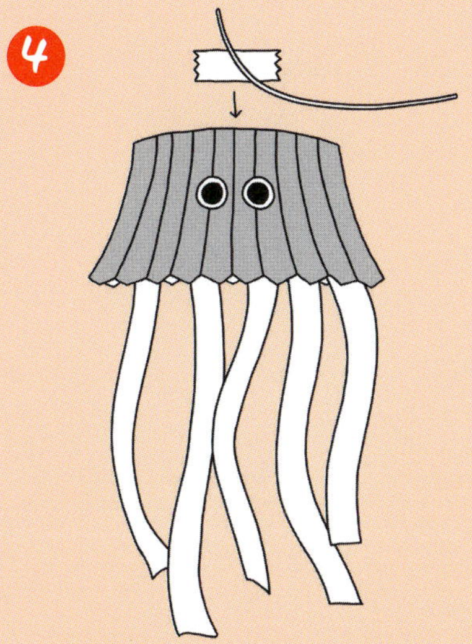

Wow!

Quallen werden auch Medusen genannt. Sie gehören zu den Nesseltieren und ihr Körper besteht zum größten Teil aus Wasser. Ihre Tentakeln dienen ihnen zum Fangen von Beute, aber auch zur Verteidigung. Sie stoßen ein Gift aus, das ähnlich wie bei einer Brennnessel auf der Haut brennt. Manche Quallen, die hauptsächlich in tropischen Meeren leben, sind so giftig, dass ihre Berührung einen Menschen töten kann. Quallen ernähren sich von kleinen Tieren.

KLEINE RAUPE POMPOM

Diese kleinen Raupen sind wirklich niedlich und kein bisschen gefräßig.

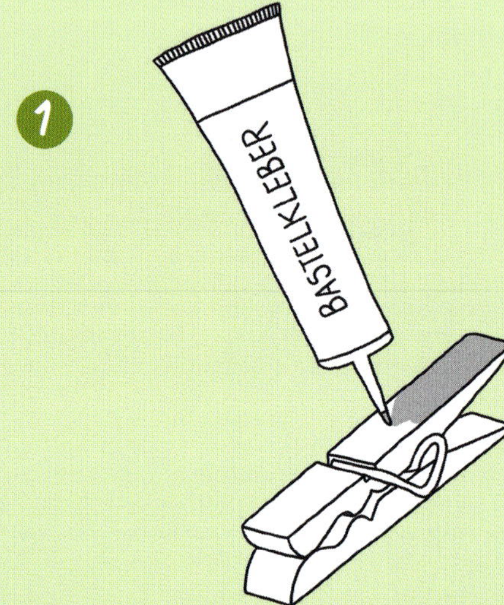

2

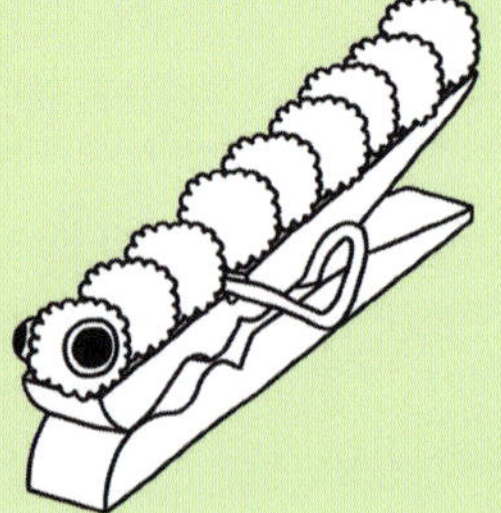

So wird es gemacht:

Schritt 1: Bestreiche eine der flachen Seiten der Holzklammer vollständig mit Kleber.

Schritt 2: Setze nun die Pompons nebeneinander auf den Kleber und drücke sie kurz an, bis der Kleber ein wenig angetrocknet ist.

Schritt 3: Klebe nun zwei Wackelaugen auf den vordersten Pompon. Fertig ist deine kleine Raupe.

Wow!

Die Raupe ist die Larve von einem Schmetterling, aber auch von einigen anderen Insekten. Sie schlüpft aus einem Ei und frisst sehr, sehr viel, bevor sie sich in einem Kokon verpuppt. In dem feinen Gehäuse verwandelt sich ihr Körper über Tage oder Wochen vor dem Schlüpfen in einen Schmetterling oder in ein anderes Insekt. Raupen müssen sich gut tarnen, um nicht von Vögeln, Mäusen, Spinnen oder Wespen gefressen zu werden.

FLAUSCHIGE SCHAFE

Ach, sind diese Watteschäfchen weich! Fühl mal!

So wird es gemacht:

Schritt 1: Reiß von deinem Stück Pappe ein Stück ab und male es ganz schwarz an.

Schritt 2: Schneide daraus kleine Stücke für Köpfe, Beine und Ohren. Male die restliche Pappe grün an.

Schritt 3: Klebe nun drei Wattebäusche mit etwas Abstand auf die grüne Pappe.

Schritt 4: Auf die Watte klebst du oben jeweils einen Kopf und zwei Ohren auf. Auf den Kopf klebst du zwei Wackelaugen. Klebe nun unterhalb der Watte jedem Schaf vier dicke Beine an. Fertig ist deine kleine Herde.

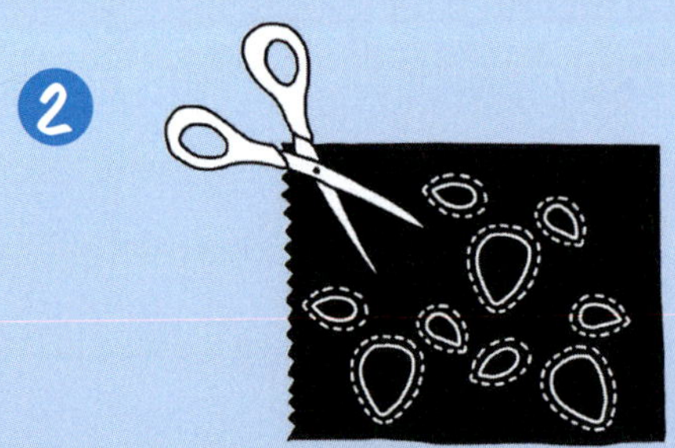

Wow!

Schafe sind Herdentiere, grasen gerne auf Wiesen und zupfen die Kräuter und Gräser ab. Die meiste Zeit verbringen sie mit Fressen. Bevor sie ein Jahr alt sind, werden sie Lämmer genannt. Die Menschen haben schon früh gelernt, aus dem Fell der Schafe Wolle herzustellen. Neben den Hausschafen gibt es auch Wildschafe, und manche Arten in den Bergen sind geschickte Kletterer.

SCHILDKRÖTENBABY

Erstes Weben: Hier entsteht deine kleine Schildkröte!

So wird es gemacht:

Schritt 1: Lege die drei Stiele so übereinander, dass sie wie ein Stern aussehen.

Schritt 2: Male mit einem schwarzen Filzstift den Kopf und die Krallen der Schildkröte.

Schritt 3: Lass dir den Körper nun mit der Wolle in der Mitte zusammenbinden und einige Male um die einzelnen Stiele wickeln, sodass diese fest zusammengehalten werden.

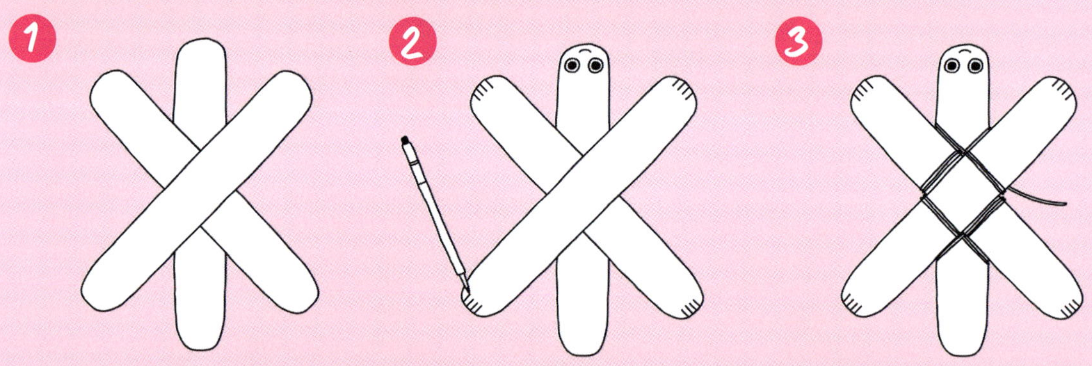

Wow!

Schildkröten können teilweise sehr alt werden. Bis zu 100 Jahre oder sogar noch älter. Sie gehören zu den Reptilien. Es gibt Landschildkröten und Wasserschildkröten. Sie schlüpfen aus Eiern. Diese vergraben die Mütter in kleinen Sandgruben, damit sie von der Sonne ausgebrütet werden können. Sobald eine Schildkröte schlüpft, ist sie auf sich alleine gestellt.

Schritt 4: Jetzt bist du dran: Wickel die Wolle zunächst um einen Stiel und wickel dann zur nächsten Lücke. Wickel auch dort einmal um den Stiel und gehe wieder zum nächsten usw. Du kannst die Farbe der Wolle jederzeit wechseln. Lass dir dann die neue Farbe mit einem Knoten an die erste Farbe anknoten. Später kannst du kreuz und quer wickeln. Zuletzt wird die Wolle mit einem Knoten fixiert.

EINE SCHLANGE AM HANDGELENK

Die ist doch hoffentlich nicht giftig? Bändige die Klopapierrollenschlange!

Du benötigst:

* 1 Klopapierrolle
* Fingerfarben
* Dicken Borstenpinsel
* Schere
* Wackelaugen
* Klebestift
* Roten Tonkarton

So wird es gemacht:

Schritt 1: Male die Klopapierrolle in deiner Lieblingsfarbe an. Gerne darfst du Muster darauf malen, wenn die Farbe gut getrocknet ist.

Schritt 2: Nun schneidest du die Rolle in einer ca. 2 cm breiten Spirale von oben nach unten mit der Schere zurecht.

Schritt 3: Schneide das hintere Ende ein wenig spitz zu, das vordere Ende für den Kopf hingegen etwas rundlicher. Klebe mit dem Klebestift die Wackelaugen auf.

Schritt 4: Nun schneidest du aus dem Tonkarton eine kleine Zunge aus und klebst sie in den Schlangenmund. Fertig ist deine Schlange! Bist du mutig genug, sie um dein Handgelenk zu wickeln?

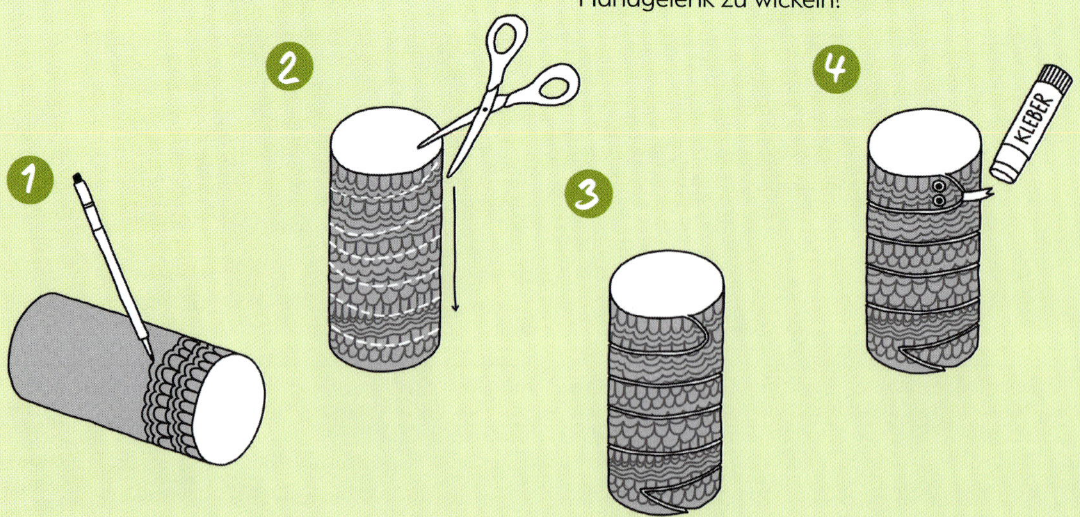

Wow!

Auch ohne Beine können Schlangen sich blitzschnell fortbewegen. Sie haben ein schuppiges Hautkleid, das sie von Zeit zu Zeit wechseln. Dann streifen sie ihre alte Haut ab. Auch können sie sehr gut riechen. Wusstest du, dass Schlangen fast auf der ganzen Welt vorkommen? Nur in der Arktis und der Antarktis und im hohen Norden ist es zu kalt für die Reptilien. Es gibt über 3.000 verschiedene Arten. Davon sind manche sehr giftig.

KUNTERBUNTE SALZSPINNE

Vor dieser hübschen Spinne muss sich niemand fürchten.

Du benötigst:

* Bleistift
* Festes schwarzes Papier oder Tonkarton
* Flüssigen Bastelkleber
* Salz
* Wasserfarben
* Pinsel

So wird es gemacht:

Schritt 1: Zeichne mit einem Bleistift den Körper und die Beine der Spinne auf das Blatt Papier. Zeichne dabei möglichst groß.

Schritt 2: Mit dem flüssigen Kleber ziehst du nun die Linien nach. Zeichne der Spinne ein Muster auf den Körper. Das können Linien oder Punkte sein.

Schritt 3: Streue nun großzügig Salz über die Linien. Ist alles mit Salz bedeckt, kippst du das Blatt so zur Seite, dass das überschüssige Salz abfällt.

Schritt 4: Jetzt wird's bunt: Male das Salz mit den Wasserfarben an. Trage dafür viele verschiedene Farben auf das Salz auf. Die Farben verteilen sich auf dem Salz in verschiedene Richtungen. Lass zum Schluss alles gut trocknen.

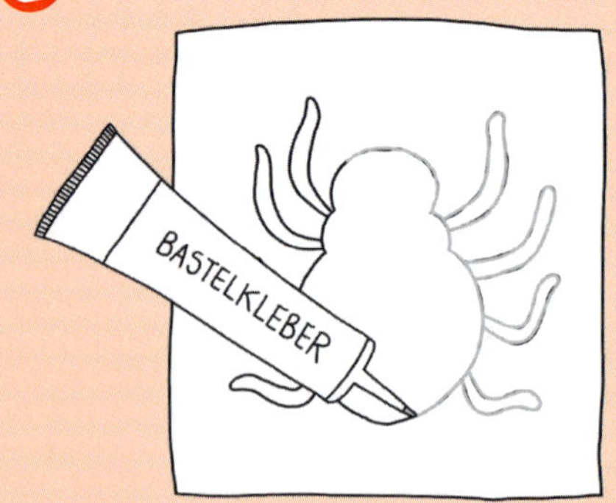

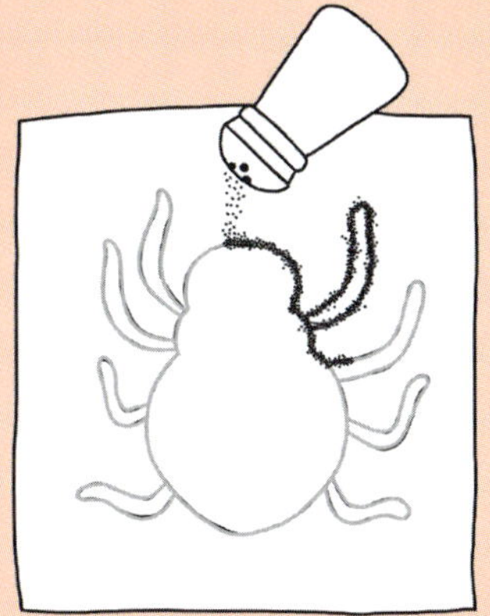

Wow!

Spinnen gehören zur Familie der Spinnentiere und sind sehr nützlich. Sie fressen Insekten. Spinnen haben acht Beine und zwei Körperglieder. Je nach Art haben sie bis zu acht Punktaugen. Viele Spinnen weben wunderschöne Netze, um ihre Beute mit den klebrigen Fäden zu fangen. Wusstest du, dass Skorpione und Zecken ebenfalls zu den Spinnentieren gehören?

Spinnennetze bestehen übrigens aus Spinnenseide. Die Fäden bildet die Spinne mit ihrem Hinterleib. Ihre Netze halten ganz schön was aus. Denn in Bezug auf ihre Masse sind sie viermal so belastbar wie Stahl und können um das Dreifache ihrer Länge gedehnt werden. Ist das nicht toll?

TIERCHEN AUF DER SOMMERWIESE

Hui, auf dieser Wiese wimmelt es aber ganz schön!

Du benötigst:

* 1 großes Stück Pappe
* Schwarzen Filzstift oder Wachsmalstift
* Viele bunte Pflanzenteile, z.B. Blüten, Gräser, feine Zweige, Blumenblätter

So wird es gemacht:

Schritt 1: Male verschiedene Insektenkörper mit dem schwarzen Stift auf die Pappe. Das können Bienen, Schmetterlinge, Schnecken und Raupen sein. Lass dir ruhig dabei helfen.

Schritt 2: Nun verzierst du die Körper der Tierchen mit verschiedenen Pflanzenteilen. Lege schöne Muster und fülle die Formen mit den Pflanzen aus.

1

Wow!

Auf den Wiesen lebt eine Vielfalt von kleinen Tiere, zum Beispiel Marienkäfer, Ameisen oder Regenwürmer. Zwischen den Gräsern tummeln sich viele Käferarten. Die verschiedenen Blumen bieten Schmetterlingen, Hummeln und Bienen Nahrung. Deshalb ist es sehr wichtig, dass es viele Wiesenflächen mit Wildblumen gibt.

2

ALLE VÖGLEIN

Aus Wäscheklammern und Wackelaugen sind diese lustigen Piepmätze gemacht.

Du benötigst:

* Holzklammern
* Acrylstifte
* Gelben Tonkarton
* Schere
* Wackelaugen
* Bunte Federn
* Kleber

So wird es gemacht:

Schritt 1: Male für deinen Vogel die Wäscheklammer von allen Seiten mit den Acrylstiften an. Lass die Farbe vollständig trocknen. Male anschließend ein Muster auf die Klammer.

Schritt 2: Schneide aus dem gelben Karton einen kleinen Schnabel aus.

Schritt 3: Nun klebst du Schnabel und Wackelaugen auf die Wäscheklammer und klebst an die Seite und an den Kopf des Vogels einige Federn. Fertig! Jetzt kannst du mit der nächsten Wäscheklammer das Ganze wiederholen und eine bunte Vogelschar basteln, wenn du magst.

Wow!

Wusstest du, dass die nächsten Verwandten von Vögeln die Krokodile sind? Wie diese stammen Vögel von den Dinosauriern ab. Sie schlüpfen aus Eiern und haben einen starken Schnabel. Fast alle Vögel können fliegen. Bei uns gibt es allein über 300 Vogelarten, zum Beispiel Amseln, Meisen, Spatzen, Möwen, Enten oder Gänse.

DER KLEINSTE WAL DER WELT

Ist dieser knuffige Meeresbewohner aus Eierkarton nicht allerliebst?

Du benötigst:

* 1 Eierkarton
* Blaue Farbe
* Blauen Tonkarton
* Schere
* Kleber
* Wackelaugen
* Schwarzer Filzstift
* 1 blauen Pfeifenreiniger

So wird es gemacht:

Schritt 1: Für den Walkörper brauchst du eine Vertiefung aus dem Eierkarton. Lass dir beim Heraustrennen der Vertiefung von einem Erwachsenen helfen. Dann male den Körper blau an und lass ihn gut trocknen.

Schritt 2: Schneide aus dem Tonkarton eine Schwanzflosse und zwei kleine Flossen aus und klebe diese an den Körper.

Schritt 3: Klebe vorne die Wackelaugen auf und male dem Wal mit dem Filzstift einen Mund.

Wow!

Wale sind die größten Bewohner auf der Erde. Obwohl sie im Meer leben, zählen sie nicht zu den Fischen, sondern sind Säugetiere. Der größte Wal ist der Blauwal, der über 30 Meter lang werden kann. Wale können unter Wasser sehr lange die Luft anhalten, müssen aber irgendwann zum Atmen wieder an die Wasseroberfläche kommen. Oft prusten sie dabei auch Wasser aus.

Schritt 4: Bohre mit der Schere oben ein Loch in den Karton.

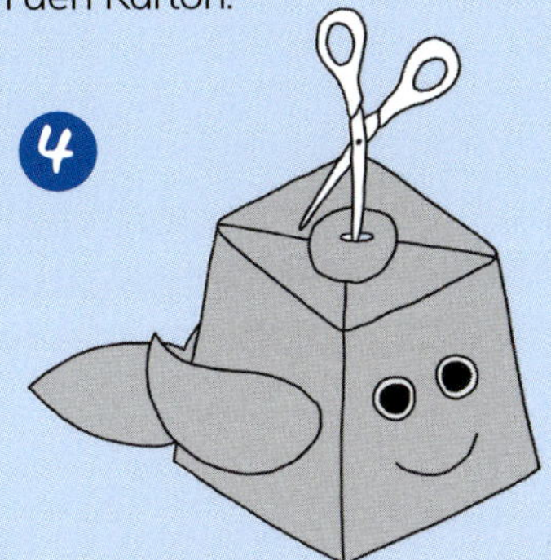

Schritt 5: Schneide den Pfeifenreiniger in mehrere ca. 5 cm große Stücke und drehe diese etwas zusammen. Stecke diese Stücke nun in das Loch.

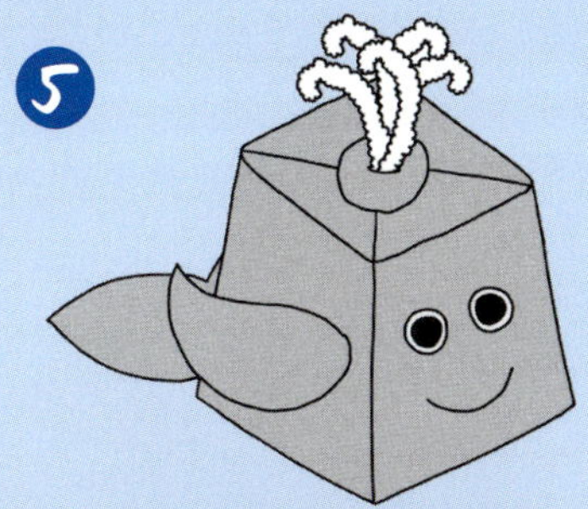

ZEBRA-TÜTEN

Schwarz-weißer Streifenlook: Sieht das nicht schick aus?

1

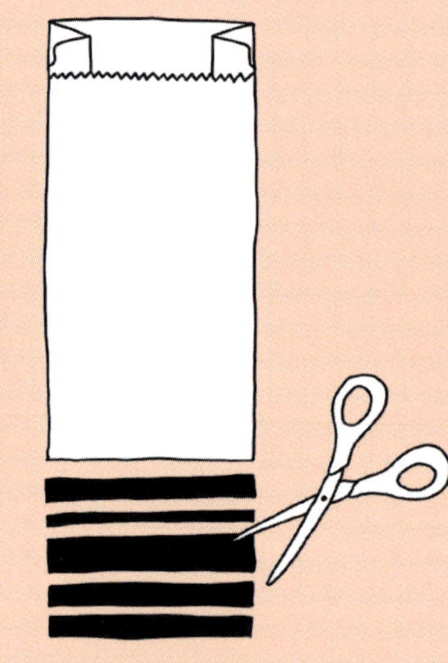

2

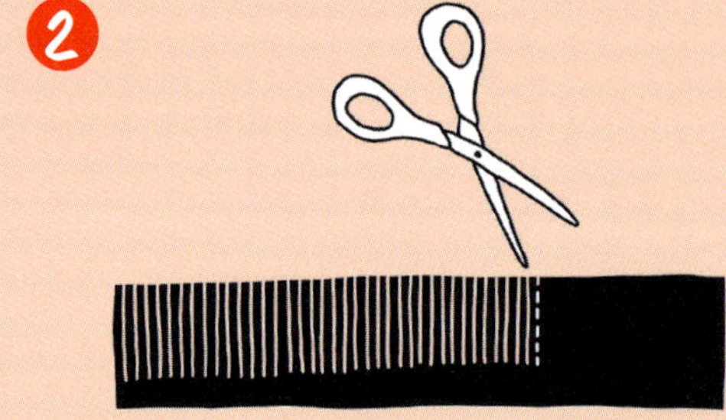

So wird es gemacht:

Schritt 1: Schneide aus dem schwarzen Tonkarton einige Streifen so breit, wie deine Butterbrottüte ist. Die Streifen dürfen ruhig ungleichmäßig sein.

Schritt 2: Schneide einen Streifen als Mähne zurecht: Schneide diesen immer wieder schmal ein, sodass das Papier Fransen bildet.

Schritt 3: Schneide nun aus dem schwarzen Karton auch noch eine ovale Nase.

Aus dem rosa Karton schneidest du zwei Ohren und zwei kleine Nasenlöcher aus.

Schritt 4: Nun klebst du erst die Streifen auf die Tüte. An den oberen Rand klebst du das Fransenstück. Auch die Ohren klebst du an den oberen Rand.

Schritt 5: Klebe die Nase auf das obere Drittel der Tüte und darüber die zwei schwarzen Knöpfe als Augen. Klebe nun noch die kleinen Nasenlöcher auf und fertig ist dein Zebra.

Wow!

Zebras sind mit den Pferden verwandt. Sie leben in der Savanne in Afrika. Jedes Zebrafell hat ein einzigartiges schwarz-weißes Muster. Bis heute wissen die Forscher nicht genau, warum sie dieses Muster haben. Der Zebrastreifen im Straßenverkehr ist nach den Streifenmustern der Zebras benannt.

VORLAGEN

Dank und Mitwirkende

Christine Sinnwell-Backes lebt mit ihrem Mann und ihren zwei Kindern in einem kleinen Dorf im Saarland. Dort denkt sie sich für ihre Kinder und mit ihnen zusammen tolle Bastelprojekte aus. Außerdem präsentiert sie in ihrem Blog nicht nur jede Menge kreative Ideen, sondern auch Rezepte aus ihrer Küche. Das alles ist zu entdecken auf: www.littleredtemptations.com

In ihrer Freizeit ist es ihr ein großes Anliegen, Kinder und Jugendliche für Bücher zu begeistern. Seit vielen Jahren leitet sie unterschiedliche Gruppen, um gemeinsam mit kleinen und großen Leseratten in die Welt der Literatur zu einzutauchen. Dazu gibt sie deutschlandweit auch immer wieder Workshops. Viele Buchprojekte zum Nachmachen gibt es auf www.lesenische.wordpress.com und auf Instagram.

Dank

Ein herzliches Dankeschön geht an die tollen Kinder, die an dem Buch beteiligt waren: Hannah, Rosalie, Lotta, Lenni, Matilda, Max, Leo, Jonas, Luise, Tula, Mia, Milla, Luca, Anni, Romeo

Und ein großes Dankeschön geht an Christel Gross, die mit viel Liebe die Fotos für das Buch gemacht hat.

Penguin Random House Verlagsgruppe FSC® N001967

1. Auflage

Neumarkter Str. 28, 81673 München
Fotos: Christel Gross, Schmelz
Illustrationen: Josefine Britz, Hamburg
Motiv Marienkäfer auf U1 und im Inhalt: Adobe Stock/aytnc
Umschlaggestaltung: Atelier Versen, Bad Aibling
Bildredaktion: Sabine Kestler
Projektleitung: Birte Dittmann
Layout: Karin Herres
Satz: Satzwerk Huber, Germering
Herstellung: Karin Herres
Druck und Bindung: TBB, a.s., Banská Bystrica
Printed in Slovakia

ISBN: 978-3-8094-4805-1